REFLEXIONS
SUR
L'ALPHABET
ET
SUR LA LANGUE
DONT ON SE SERVOIT AUTREFOIS
A PALMYRE.

Par M. l'Abbé BARTHELEMY, *de l'Académie Royale des Inſcriptions & Belles-Lettres, Garde du Cabinet des Medailles du Roi.*

Multa renaſcentur quæ jam cecidere.

Horat. de Arte Poët.

A PARIS,

Chez H. L. GUERIN & L. F. DELATOUR, rue S. Jacques, à S. Thomas d'Aquin.

M. DCC. LIV.

RÉFLEXIONS SUR L'ALPHABET ET SUR LA LANGUE DONT ON SE SERVOIT AUTREFOIS A PALMYRE.

ENTRE la Méditerranée & l'Euphrate, on trouve un desert aride, au milieu duquel étoit autrefois une ville connue sous le nom de Tedmor ou de Palmyre, dont on rapporte l'origine à Salomon, & que les conquêtes d'Odénath & de Zénobie ont rendue célebre. Ses habitans que le commerce avoit enrichis, l'embellirent par des monumens qui égaloient en magnificence ceux de la Grece & de Rome. Les ruines en subsistent encore, & viennent d'être recueillies dans un ouvrage dirigé par le savoir & le goût. Si dans ces beaux restes échappés à la fureur des Romains, on admire en général, ce que la ville de Palmyre

Les Ruines de Palmyre. *Londres* 1753.

a fait pour la gloire des Arts, pour celle des citoyens vertueux & pour la sienne, les Antiquaires & ceux qui cultivent les Langues Orientales y verront avec un plaisir nouveau, plusieurs Inscriptions Palmyréniennes copiées avec exactitude, & par là même très propres à nous procurer l'intelligence de l'Alphabet dont on se servoit autrefois à Palmyre, & de la Langue qu'on y parloit. Ce point de Littérature n'est pas éclairci; & comme si dans l'ordre de nos connoissances, toute vérité devoit être précédée d'une erreur, ceux qui jusqu'à présent ont voulu nous mettre sur la voie de la découverte, n'ont fait que nous en écarter davantage. On en verra la preuve & les raisons dans les réflexions suivantes.

Gruter, Edition de 1616, *p.* LXXXVI.

Vers le commencement du siecle dernier, Gruter inséra dans son recueil une Inscription Palmyréniene que l'on conservoit à Rome dans la maison du Cardinal Carpegna. Elle accompagnoit sur le marbre un bas-relief qui représentoit deux Divinités étrangeres, & s'y trouvoit jointe avec une Inscription Grecque. Gruter présuma que les caracteres en étoient Arabes, parce qu'il plaçoit la Ville de Palmyre en Arabie; & Joseph Scaliger fut contraint d'avouer qu'il ne les connoissoit pas, lui cependant qui se glorifioit de savoir assez de Langues pour pénétrer par terre jusqu'à la Chine sans le secours d'aucun Interprete.

De Emendat. tempor. l. 5. pag. 427.

Quelque temps après cet aveu, qui coûta sans

doute à Scaliger, Samuel Petit donna de ce monument une explication qui dût lui coûter encore plus, & qui satisfit encore moins. Je ne me sens pas le courage de la traduire en François. La voici en Latin telle qu'il l'a proposée lui-même dans une Lettre écrite à M. de Peiresk : *Tremuit senectus, vacillavit planta* pedis : *sub volam utique Dæmonis lucis indigena tuus mœstus fuit, splendere squallor ejus* (id est, ad ejus splendorem factum fuit) *ligatus est ipse, age, projice, domus in summo periculo versata est, abundavit asser mansuetudinum irrigans petras sive solitudines, quemadmodum quod Memphim ducit iter* (afflictam Palmyram indigitat Zenobiæ tempore, ejusque situm) *datum abundè est quidquid in universum desiderabat angustia. Summe misericors est umbra tua, portio æterna hemina ad libationem.* « Hoc est, hæc lex dicta esto » in perpetuum, è meis bonis in quotidianos liba- » tionum usus, in istorum Deorum honorem, in- « ferendam esse heminam seu mensuram quamdam » vini, alteriusve liquoris. » Croira-t-on jamais qu'au lieu de ce tissu d'énigmes que le hazard semble avoir rapprochées, l'Inscription Palmyréniene, en cela conforme à la Grecque qui lui correspônd, dit simplement que *dans le mois Schebat de l'an 547 de l'Ere usitée à Palmyre, un citoyen de cette Ville, avoit fait construire à ses frais, un monument en l'honneur des Dieux Aglibolus & Malacbelus pour sa conservation & pour celle de*

Pet. Epist. anni 1632. ad Peiresk. Spon, Miscell. Erud. Ant. pag. 2.

ses enfans. Ce que je dois ajouter à l'égard de cette Inscription, c'est qu'on l'a publiée plusieurs fois, que toutes les copies different entr'elles, & que découragés par tant d'incertitudes, les Savans avoient en quelque façon renoncé au projet de les dissiper, lorsqu'un événement inattendu fit renaître leurs espérances, les engagea dans des recherches profondes, & produisit de nouvelles erreurs.

Monum. Palmyr. pag. 15.

Rhenferd. Peric. Palm.

En 1691 des Négocians d'Alep, Anglois de Nation, ayant été visiter les ruines de Palmyre, y trouverent plusieurs Inscriptions tracées en caracteres inconnus. Ils en copierent quelques-unes à la hâte, & les envoyerent sur le champ en Angleterre. Cette découverte fut annoncée avec éclat; & comme la plûpart des Inscriptions Palmyréniennes se trouvoient jointes sur les marbres avec des Inscriptions Grecques, on jugea sans peine que les unes étoient la traduction des autres, & l'on se flatta que cette association procureroit la connoissance de l'ancienne Langue de Palmyre ou du moins celle de son Alphabet. Mais quel fruit pouvoit-on attendre de ces magnifiques promesses? on n'avoit envoyé qu'un petit nombre d'Inscriptions en caracteres Palmyréniens, toutes copiées avec si peu d'exactitude, qu'il n'en est presque aucune où il ne manque des mots entiers, & qu'il n'est presque point de mots où il ne manque des lettres radicales. Ce n'est pas tout. Il s'étoit répandu plusieurs copies de ces Inscri-

Philos. Transact. N°. 218. pag. 129.

ptions, & les fautes s'y étoient tellement multipliées, qu'on ne pouvoit avoir d'autre ressource pour fixer la leçon d'un mot, que la convenance & l'intérêt du systême qu'on vouloit embrasser. Ces difficultés insurmontables arrêterent Edouard Bernard Professeur d'Oxford, qui avoit d'abord tenté de nous donner l'Alphabet Palmyrénien. Quoique très-versé dans la connoissance des Langues Orientales, il se contenta d'éclaircir les Inscriptions Grecques, & à l'égard des autres, il ajouta ces paroles qu'on peut regarder comme le témoignage de l'inutilité de ses efforts : *Palmyrenum verò* (Alphabetum) *si quis dederit, erit mihi magnus Philologus.* *Monum. Palmyr. pag. 9.*

Le même Edouard Bernard adressant la parole à Robert Huntington, lui disoit : « Vous avez » fait le voyage de Palmyre dans le dessein de nous » procurer les anciennes Lettres des Syriens ; & » sans les Arabes, vous auriez pû nous dévoiler » cette Littérature inconnue. Plût à Dieu, disoit- » il ailleurs, qu'Halifax nous eût apporté plus » d'Inscriptions en caractéres Syriaques ! » Abraham Sellerus a témoigné le même regret ; & Thomas Smith qui a fait des notes sur les Inscriptions Grecques trouvées à Palmyre, s'écrie dans la Préface de son Ouvrage : « Quel malheur que les caracteres » des Inscriptions Palmyrenienes n'ayent pas été » copiés avec plus d'exactitude, ils nous auroient » fait connoître l'ancienne écriture des Syriens. » *Epist. Bern. ad Hunt. Ibid.* *Sell. acta Erudit. suppl. t. 3. p. 96.* *Monum. Palmyr.*

Il faut obſerver ici que tous les Savans ne convenoient pas que les Lettres Palmyréniennes fuſſent Syriaques. Scaliger les avoit regardées comme des Lettres inconnues; Gruter penſoit qu'elles étoient Arabes; le Cardinal Noris & Thomas Hyde les confondoient avec les Phéniciennes; mais ils déclaroient tous d'une commune voix, qu'il étoit impoſſible de les lire.

Noris de Epoch. Syro-M. pag. 105. Hyde Relig. Veter. Perſ. p. 525.

Cependant, ni cet aveu, ni les raiſons qui le juſtifioient, n'effrayerent point Jacques Rhenferdius. Ce Critique intrépide, ſans autre ſecours qu'un petit nombre d'Inſcriptions mutilées, & qu'un grand amas d'érudition orientale, entreprit en 1704 de découvrir l'écriture Palmyréniene. Ce ſeroit un ſpectacle amuſant, s'il ne convenoit pas mieux de le regarder comme une leçon utile, de voir les efforts inouis qu'a faits Rhenferdius pour établir une correſpondance vague entre une Inſcription Palmyréniene & une Inſcription Grecque. Il court à perte d'haleine après un phantôme dont il n'approche jamais, & tous ſes pas marqués par des chûtes, le conduiſent dans des défilés impraticables, où il ne lui reſte plus que les reſſources du déſeſpoir. Tantôt c'eſt une lettre qu'il faut ſuppléer ou retrancher, dont il faut changer la forme ou la valeur; tantôt c'eſt un mot entier dont il faut tranſpoſer tous les élémens; d'autres fois, c'eſt une expreſſion inuſitée dans la Langue de Palmyre, & dont il cherche la ſignification

Pericul. Palmyr. in-4°. 1704.

dans

dans celle des Arabes, des Juifs, & même des Romains. En vain dans la copie défectueuse d'une Inscription Palmyréniene, une ligne entiére est réduite à un petit nombre de lettres qui ne sont séparées par aucun intervalle ; Rhenferdius recueille avec soin ces débris informes, & trouve le moyen d'en composer un mot Arabe. C'est par de pareilles opérations, qu'il parvient à construire un Alphabet. A peine l'a-t-il achevé, qu'il se présente une autre Inscription dont les lettres mal dessinées ne ressemblent point à celles de la précédente : aussi-tôt, nouvelles conjectures, nouveaux tours de force, nouvel Alphabet aussi incertain que le premier. Mais pourquoi nous engager dans ces détails ? Respectons dans les écarts de Rhenferdius, les motifs qui le dirigerent dans ses recherches ; & ajoutons pour sa justification, qu'il a proposé toutes ses idées avec une sorte de défiance, & qu'il a senti plusieurs fois qu'il s'exposoit au risque de ne pas convaincre son Lecteur. Cependant, comme son ouvrage pouvoit faire illusion par l'éclat sombre & imposant de l'érudition orientale, & que de plus l'Académie des Belles-Lettres avoit souvent été consultée sur les Inscriptions Palmyrénienes, elle chargea en 1706 M. l'Abbé Renaudot, d'examiner si elles avoient été transcrites avec soin, & si l'on pouvoit en tirer quelques lumieres. Cet Académicien, dans un Mémoire devenu public, prouve très-bien l'inutilité des ten-

Reg. de l'Acad. 19 Mars 1706.

Mem. de l'Acad. t. 2. p. 509.

tatives qu'on avoit faites jusqu'alors pour découvrir l'Alphabet Palmyrénien, & l'insuffisance des moyens qu'on avoit employés. Quelque temps après, l'Académie reçut de Rome une copie assez exacte de l'Inscription que Gruter avoit publiée autrefois; & M. Galland qui joignoit à la connoissance des monumens antiques, celle des Langues Orientales, fut chargé d'en rendre compte. Il pensoit auparavant que cette Inscription devoit exprimer la même chose que l'Inscription Grecque dont elle est accompagnée. Mais après avoir étudié la nouvelle copie, il jugea que ces deux Inscriptions n'avoient aucun rapport entr'elles; que la premiere n'étoit ni en Hébreu ni en Syriaque, mais en une Langue tout-à-fait inconnue.

Epis. Gall. ad Spon. Miscell. erud. antiq. p. 3.

Reg. de l'Acad. 5 Juillet 1709.

Ce fut après de pareils jugemens, que l'Académie résolut de détromper une bonne fois ceux à qui on voudroit en imposer par de prétendus Alphabets de la Langue Palmyréniene, & déclara qu'on pouvoit désormais sur son témoignage, s'épargner de semblable peines, à moins que dans la suite on ne découvrît des secours plus abondans.

T. 1. p. 207.

Nous jouissons enfin de ces secours si long-temps attendus, & nous les devons à la même nation qui nous en avoit inspiré le desir: des Anglois (MM. Dawkins, Robert Wood &c.) animés d'un zele éclairé pour les Lettres & les Arts, ont vû en Orient les lieux les plus remarquables de l'Antiquité, & en ont rapporté treize Inscriptions Palmyrénienes, dont la plûpart avoient échappé aux recherches faites dans le ſiecle dernier. Huit de ces Inſcriptions étoient gravées à la ſuite d'autant d'Inſcriptions Grecques ; & les Anglois ont obſervé eux-mêmes, que les unes paroiſſoient être la traduction des autres. Dans la premiere comparaiſon que j'en fis, je crus entrevoir aſſez de rapports pour me livrer à quelques eſpérances. Elles s'accrurent en peu de momens, au point que je vis ſortir de mes opérations un Alphabet entier ; & j'eus l'honneur de le communiquer à l'Académie des Belles-Lettres le 12 Février de la préſente année, deux jours après avoir eu connoiſſance de ces Inſcriptions. Je rougirois de relever une pareille circonſtance, ſi je n'étois perſuadé qu'elle prouve uniquement la facilité de cette découverte. Le Lecteur verra bientôt que je n'emprunte pas le langage d'une fauſſe modeſtie, & que la moindre teinture des Langues Orientales ſuffiſoit pour réſoudre le problême des Lettres Palmyréniennes. Avant que d'en propoſer l'Alphabet, qu'il me ſoit permis de faire quelques remarques.

1°. Pour découvrir l'Alphabet d'une nation dont la Langue eſt inconnue, ce n'eſt pas toujours une bonne regle, que de recourir à l'Alphabet d'une nation voiſine ; & c'en eſt une très-mauvaiſe, que de mettre à contribution les Alphabets de pluſieurs peuples differens. Cette maniere de procéder, ne produit que des aſſemblages informes & des résultats malheureux. S'il étoit possible de trouver des monumens d'une Langue inconnue qui représentassent, à n'en pas douter, des mots connus d'ailleurs; si en plaçant chacun de ces mots connus sous chaque mot inconnu qui lui seroit correspondant, il en résultoit de part & d'autre le même ordre & la même valeur : en un mot, si des Inscriptions tracées en une Langue inconnue, combinées avec des Inscriptions en une Langue connue, fournissoient elles-mêmes un Alphabet qui tendît à les éclaircir, ou du moins à les faire lire d'une maniere constante, je pense que dans ce cas il faudroit adopter cet Alphabet. Or, c'est l'avantage que nous procurent les Inscriptions nouvellement apportées de Palmyre. J'ai déja dit que huit de ces Inscriptions étoient accompagnées d'autant d'Inscriptions Grecques; j'ai dit que les unes paroissoient être la traduction des autres, & entre plusieurs preuves que je pourrois en donner, je m'arrête à celle-ci : Les Inscriptions Grecques finissant par des époques différentes, les Palmyréniennes correspondantes se terminent de même par des lettres numérales qui observent entr'elles le même ordre que les lettres numérales Grecques.

2°. Lorsqu'un mot, un nom d'homme, par exemple, se trouve exprimé deux ou trois fois dans une même Inscription, il faut que ce soit avec les mêmes lettres; & s'il se rencontre dans plusieurs Inscriptions, on n'y doit trouver d'autre différence que celle qui vient de la différence des mains.

3°. Dans les Alphabets des Langues Orientales, on voit des lettres qui ont des valeurs différentes, quoiqu'elles ſoient abſolument, ou preſqu'abſolument figurées de la même maniere. Ainſi, dans l'Alphabet Hébreu le *Beth* & le *Caph*, le *Daleth* & le *Reſch*, ne different que par le plus ou le moins de courbure dans les traits qui forment ces Lettres. Dans l'Alphabet des Arabes & dans celui des Syriens, pluſieurs Lettres ont la même forme, & ne ſont diſtinguées que par les points-voyelles. Cette même variété doit ſe trouver, & ſe trouve effectivement, dans l'Alphabet que je vais propoſer.

4°. Enfin, les Orientaux en exprimant dans leur Langue les mots Grecs ou Latins, ſuppriment pluſieurs voyelles, & y ſuppléent par des points qu'ils ne marquent pas toujours dans les manuſcrits, & qu'ils marquent encore moins dans les monumens.

Il eſt temps de produire l'Alphabet que j'ai conſtruit. Il eſt gravé dans la premiere planche, colonne I. On voit au premier coup d'œil qu'il participe de l'Hébreu & du Syriaque ; & c'eſt ce qui me donne la liberté de mettre ſur une ſeconde colonne l'Alphabet des Lettres Hébraïques plus connu que celui des Lettres Syriaques. Les noms de ces Lettres occupent la troiſieme colonne. Dans la quatrieme, leur valeur eſt exprimée en caracteres Grecs. J'ai averti qu'on ne devoit pas s'attendre

Pl. I.

à trouver par-tout la même Lettre figurée absolument de la même maniere. La différence des mains jette dans les contours & dans les traits d'une Lettre des variétés presqu'insensibles. Ce sont des nuances d'un même caractere. J'en ai recueilli quelques-unes ; j'ai négligé les autres ou comme inutiles, ou comme pouvant être attribuées au Graveur. L'essentiel étoit de s'attacher à la forme principale de chaque élément, & il ne me reste à cet égard, qu'une difficulté ; elle concerne le *Tzadé*. Le caractere qui le représente n'est pas clairement exprimé dans les inscriptions rapportées par les Anglois, & j'ai été obligé de l'emprunter d'une inscription qui est à Rome. Mais, loin de m'appésantir plus long-temps sur ces minuties Grammaticales, je pense que la meilleure façon de justifier mon Alphabet, c'est d'en faire tout de suite l'application.

Pl. II. N°. 1. & 2. Qu'on jette les yeux sur la seconde planche, on y verra sous le N°. 1. une inscription Grecque & sous le N°. 2. une inscription Palmyréniene correspondante (*a*). La Grecque commençoit par ce mot ΣΕΠΤΙΜΙΟΝ & la Palmyréniene par un mot qu'il faut analyser. La premiere Lettre est un *Samech*, la seconde un *Pé*, la troisieme un *Teth*, la quatrieme un *Mem*, la cinquieme un *Iod*, la sixieme un *Vau*, c'est-à-dire un *O* ou un *U*, & la septieme un *Sa*-

(*a*) L'Inscription Grecque est la XVI. dans le Recueil des Anglois, pag. 17. & la Palmyréniene est la VIII. dans ce même Recueil, page 29.

mech. Ces Lettres réunies & jointes aux points voyelles dont elles ſont ſuſceptibles, forment le mot de ΣΕΠΤΙΜΙΟΣ. Je le ſuppoſe du moins pour le préſent, & l'on en verra bien-tôt la preuve.

Le ſecond mot de l'inſcription Grecque eſt ΟΥΟΡΩΔΗΝ. Le mot qui lui répond dans le Palmyrénien, doit être, & ſuivant mon Alphabet eſt effectivement, ΟΡΟΔ, dont les Grecs ont fait ΟΥΟΡΩΔΗΣ. La premiere eſt un *Vau*; il a déja paru dans le mot précédent; la ſeconde eſt un *Reſch*, on s'en convaincra dans la ſuite de cette analyſe; la troiſieme eſt encore un *Vau*, & la quatrieme un *Daleth* : cette derniere eſt abſolument ſemblable à la ſeconde; mais la Langue de Palmyre étoit la Syriaque, & dans cette Langue le *Daleth* & le *Reſch* ne différent que par les points voyelles qu'on ſupprimoit dans les monumens.

Les mots qui ſuivent dans l'inſcription Grecque, ſont ΤΟΝ ΚΡΑΤΙΣΤΟΝ ΕΠΙΤΡΟΠΟΝ; & ce n'eſt pas ſans étonnement que j'ai vû les mêmes mots, à l'exception de l'article, dans l'inſcription Palmyréniene. En effet la premiere eſt un *Koph*; on a vû les autres dans les mots précédens, & je leur aſſigne ici la même valeur. Ces Lettres ſont un *Reſch*, un *Teth*, un *Samech*, un *Teth* & un *Samech*, qui, jointes au *Koph*, forment le mot ΚΡΑΤΙΣΤΟΣ. Le mot ſuivant dans l'inſcription Palmyréniene eſt ΕΠΙΤΡΟΠΟ, quoiqu'il commence & qu'il finiſſe par un *Aleph*. Mais les Syriens & d'autres peuples Orientaux donnent ſouvent à cette Lettre le ſon des autres voyelles ; & ce qui eſt plus déciſif, c'eſt que les Syriens d'aujourd'hui conſervent encore le mot ΕΠΙΤΡΟΠΟ dans leur langue, & l'écrivent quelquefois avec des caracteres ſemblables à ceux que l'on voit ici, c'eſt-à-dire, avec un *Aleph*, un *Pé*, un *Teth*, un *Reſch*, un *Pé* & un *Aleph.* Au reſte, les deux mots que nous venons d'analyſer, ſe trouvant également dans l'inſcription Grecque & dans la Palmyréniene, juſtifient la leçon des mots dont ils ſont précédés, & donnent la juſte valeur des caracteres qui les compoſent. Mais ſuivons notre examen.

Il y a dans le Grec ΣΕΒΑΣΤΟΥ ΔΟΥΚΗΝΑΡΙΟΝ ; & dans le Palmyrénien, je lis en ſuivant mon Alphabet, ΔΟΥΚΕΝΑΡΟ : les lettres dont ce mot eſt formé, ont déja paru, à l'exception du *Nun*, ſuffiſamment connu par la place qu'il occupe.

On trouve enſuite dans le Grec ces deux mots ΚΑΙ ΑΡΓΑΠΕΤΗΝ, (*b*) & dans le Palmyrénien ΑΡΓΑΒΕΤΟ précédé par un Vau qui répond au ΚΑΙ. Dans ce mot le *Beth* & le *Ghimel* paroiſſent pour la premiere fois ; mais leur valeur eſt fixée par d'autres Inſcriptions où ils ſe rencontrent ſouvent. A ce mot ſuccede, dans le Palmyrénien, le mot ΑΚΙΜ,

(*b*) Ce mot, qui ne paroît être ni Grec ni Syriaque, pourroit être Perſan d'origine, & dans ce cas il auroit bien du rapport avec celui d'Arzabadès, qui chez les Perſans déſignoit une dignité. Voyez les Actes des Martyrs de l'Orient de M. *Aſſemani*, pag. 25. & 40.

qui,

qui, en Syriaque, ſignifie *poſuit*, *conſtituit*. Il faut obſerver que ces Inſcriptions Palmyréniennes, ſont des monumens élevés en l'honneur de quelques perſonnes de diſtinction.

Après le mot ΑΡΓΑΠΕΤΗΝ, on voit dans le Grec le nom de celui qui avoit conſacré le monument en queſtion. C'étoit *Julius Aurelius Septimius* ; les mêmes noms ſe trouvent de même dans l'Inſcription Palmyréniene, à la ſuite du mot AKIM. Celui de ΙΟΥΛΙΣ ou ΙΟΥΛΙΟΣ eſt à la fin de la ſeconde ligne; & celui de ΑΥΡΗΛΙΣ, c'eſt-à-dire, ΑΥΡΗΛΙΟΣ, commence la troiſieme ligne. Tous les deux nous donnent la forme du *Lamed* que nous ne connoiſſions pas encore. Le mot *Septimius*, qui les ſuit, eſt écrit de la même maniere qu'au commencement de l'Inſcription ; ſingularité qu'il ſeroit impoſſible d'attribuer au hazard. Après le nom de *Septimius*, on voit dans le Grec ſon ſurnom & ſa qualité ΙΑΔΗΣ ΙΠΠΙΚΟΣ : & dans le Palmyrénien: ΙΑΔΟ ΕΠΙΚΟΣ. Les autres Inſcriptions me donnent la valeur de la premiere Lettre de ce dernier mot. L'Inſcription Palmyréniene finit ici; ſoit qu'elle ait été mutilée en cet endroit, ſoit qu'originairement on ait jugé à propos de l'abréger.

Il me ſemble qu'entre les deux Inſcriptions que je viens de comparer, regne la plus parfaite correſpondance, & que l'Alphabet que je propoſe, ſuffit pour lire ſans peine, tous les mots de la Palmyréniene. Mais, comme dans ces ſortes de matieres, on ne sauroit accumuler trop de preuves, je passe à l'examen d'une autre Inscription Grecque tout à la fois & Palmyréniene, & absolument semblable à la précédente, si l'on en excepte quelques légeres différences qui se trouveront en même temps dans le Grec & dans le Palmyrénien.

Pl. II. n°. 3. & 4. Voyez la planche II. N°. 3 & 4. (c)

On lit dans cette Inscription Grecque, ainsi que dans la précédente, le nom de *Septimius Horodès* pour qui l'on avoit élevé le monument; & celui d'un *Julius Aurelius* qui l'avoit fait construire. Mais, après le mot ΑΥΡΗΛΙΟΣ, on voit un surnom qui n'étoit pas dans l'autre, c'est celui de ΣΑΛΜΗΣ. Or, si l'on jette les yeux sur la troisieme ligne de l'Inscription Palmyréniene, on trouvera après le premier mot, c'est-à-dire, après le nom d'*Aurelius*, celui de ΣΕΛΟΜΟ ou ΣΑΛΜΟ. En effet, j'ai des preuves certaines que la premiere Lettre est un *Schin*, la seconde un *Lamed*, la troisieme un *Mem* & la quatrieme un *Aleph*. Après ce mot, on lit dans le Grec ΚΑΣΣΙΑΝΟΥ, ce qui désigne que ce *Julius Aurelius Salmès* étoit fils de *Cassianus*. Les Syriens ont dû exprimer cette affiliation par le mot ΒΑΡ qui signifie fils; & justement on lit ici: ΒΑΡ ΚΑΣΙΑΝΟ. Venoit ensuite dans le Grec le nom du pere de *Cassianus*; mais, on n'en voit que l'ar-

(c) L'Inscription Grecque est la XVII. dans le Recueil des Anglois, page 27. & la Palmyréniene est la IX. dans ce même Recueil, page 29.

ticle & la terminaiſon ΤΟΥ...... ΕΝΑΙΟΥ (*d*), & dans le Palmyrénien on trouve un *Beth* & un *Reſch* joints enſemble, qui ſignifient encore ΒΑΡ, *filius*. Le reſte de l'Inſcription ne ſubſiſte plus.

Lorſque des obſervations nouvelles, loin de détruire ou de modifier les principes qu'on a établis, ne ſervent qu'à les confirmer de plus en plus; lorſqu'on voit la lumiere croître par degrés, & diſſiper inſenſiblement les obſcurités & les incertitudes, on peut ſe flater d'être dans la voie de la vérité. Je ne faiſois dans les premiers eſſais que des pas chancelans; ſecrétement prévenu contre les recherches de ce genre, je me défiois des apparences, & je craignois à tout moment qu'en appliquant mon principe aux diverſes Inſcriptions Palmyrénienes, je ne fuſſe obligé d'admettre des exceptions capables de me le faire abandonner. Mais j'avoue que le plus ſevere examen m'a raſſuré contre une pareille crainte. Partout où j'ai vu dans les Inſcriptions Grecques des noms propres, je les ai trouvés dans les Palmyrénienes, exprimés avec les caracteres que mon Alphabet m'auroit fournis. Tels ſont les noms Romains de Julius, Aurelius, Septimius, qui ſe rencontrent pluſieurs fois dans ces monuments. Tels ſont les noms Orientaux de Horodès, Odénath, Zabdila, &c. qu'on y découvre aiſément, lorſqu'on fait attention à la maniere

(*d*) Les Anglois avoient lû en 1691, ΤΟΥ ΜΕΛΕΝΑΙΟΥ.

dont les Syriens ont dû les écrire. Il y a plus encore. Par tout où j'ai vu dans les Inſcriptions Grecques des mots Grecs ; je les ai trouvés traduits en Syriaque dans les Palmyrénienes. Je pourrois en citer quantité d'exemples ; mais ce détail auſſi inutile qu'ennuyeux, me meneroit trop loin, & je me borne à celui-ci. Pluſieurs des Inſcriptions Grecques offrent des époques précédées par le mot ΕΤΟΥΣ qui déſigne une année ; & préciſément dans les Palmyrénienes on voit les mêmes époques précédées d'un *Schin*, d'un *Nun* & d'un *Thau* qui forment le mot *Schenath*, année.

Il me feroit aiſé d'examiner ſuivant les mêmes principes, un plus grand nombre d'Inſcriptions Palmyrénienes ; mais je juge du dégoût qu'éprouveroit le lecteur par celui que j'ai reſſenti moi-même dans l'analyſe précédente ; il eſt en état de la pouſſer plus loin & de comparer mon Alphabet, non-ſeulement avec celui de Rhenferdius dont j'ai déja parlé ; mais encore avec celui que Godefroi Henſelius a fait graver dans une carte Polyglotte des quatre parties du monde, ſans nous indiquer la ſource d'où il l'a tiré. C'eſt le même, à quelques tranſpoſitions près, qu'Abraham de Balmès avoit inferé dans ſa Grammaire Hébraïque : » Voici, dit ce Rabbin, l'écriture en uſage au-delà » du fleuve (de l'Euphrate,) telle que je l'ai trou» vée dans un livre très-ancien.» Mais de ce que l'uſage de cette écriture étoit établi au-delà de l'Eu-

Synopſis univerſæ Philologiæ Norimbergiæ. 1741.

phrate, s'ensuit-il nécessairement qu'il le fût en deçà de ce fleuve ? L'objection se présentoit d'elle-même ; l'Auteur ne se l'est pas faite : il construisoit une carte qui devoit contenir les Alphabets de toutes les Nations ; il falloit que le Palmyrénien y trouvât sa place, & celui qu'il a préféré, en valoit bien un autre.

On ne flotera plus au milieu de ces incertitudes. Nous connoissons l'Alphabet Palmyrénien, & nous savons qu'il est composé de vingt-deux élémens, ainsi que l'avoit observé Saint Epiphanes dans son traité contre les Hérésies. Le même Auteur paroît persuadé que la Langue de Palmyre ne différoit pas du Syriaque ; & Réland qui a connu ce passage, en rapporte un autre de Théodoret, où il est dit que cette Langue étoit en usage aux environs de l'Euphrate. Ces témoignages réunis sont confirmés par les Inscriptions que nous avons entre les mains, & qui sont toutes en Syriaque ou Chaldéen.

Epiph. adv. Har. L. 2.t.2. p. 629. edit. Petav.

Rel. Pal. p. 526.

Theod. Quæst. 19. ad l. Jud.

Il ne faut pas s'attendre qu'elles répandent un grand jour sur l'histoire de Palmyre. Elles ne nous ont transmis que des faits particuliers & dénués de circonstances. Mais ces faits sont intéressans ; c'est le récit abrégé des honneurs qu'une nation puissante & guerriere accordoit à ceux qui favorisoient son commerce, c'est l'esquisse légere de la forme qu'elle avoit donnée à son gouvernement, c'est en un mot tout ce qui nous reste de l'esprit intérieur de Palmyre. Un petit nombre d'Auteurs anciens ont raconté ſes victoires ſur les Romains & ſur les Perſes, ſes conquêtes dans l'Aſie & dans l'Egypte, tableaux magnifiques, mais ſanglans, & qui, retracés mille fois dans les annales de tous les peuples, n'excitent plus dans nos ames qu'une ſurpriſe mêlée de douleur. Il ſeroit à ſouhaiter qu'au lieu de ces images effrayantes, l'Hiſtoire eût mis ſous nos yeux les moyens par leſquels la ville de Palmyre s'étoit élevée à ce haut degré de puiſſance, les routes qu'elle avoit ouvertes au commerce pour attirer dans ſon ſein les tréſors de l'Orient & de l'Occident, les loix qu'elle avoit adoptées pour aſſurer la tranquilité des citoyens, les récompenſes que dans les jours de ſa gloire, elle diſtribuoit aux arts & aux talens, ignorés ou proſcrits partout ailleurs. Raſſemblons avec ſoin les monumens qui nous laiſſent entrevoir des objets ſi dignes de notre admiration ; mais avant que de les conſidérer dans le rapport qu'ils ont avec les mœurs, il faut que la critique les dépouille & les analyſe. Eclairées par ſon flambeau, les Inſcriptions Palmyrénienes ſeront précieuſes aux Savans. C'eſt par leur moyen qu'ils éclairciront les Inſcriptions Grecques correſpondantes, & qu'ils dévoileront l'étymologie & la vraie façon de lire pluſieurs noms Orientaux. Qu'il me ſoit permis d'en citer un ou deux exemples. Une Inſcription Grecque déja publiée, offroit le mot ΔΙΣΜΑΛΚΟΥ après le nom de Zabdila. Guill. Baxter avoit ſoupçonné qu'il

Philoſ. Tranſact. N°. 218. 1695. p. 170.

ſignifioit ſimplement que Zabdila étoit fils & petit-fils de Malcus. Bernard & Smith n'ayant aucune preuve qu'une telle affiliation pût s'exprimer en Grec d'une façon ſi ſinguliere, ont fait du mot ΔΙΣΜΑΛΚΟΥ un nom d'homme, & en ont recherché l'origine dans la Langue Arabe. Ils ſe feroient épargné cette peine, s'ils avoient pû conſulter le Palmyrénien. On y lit que Zabdila étoit fils de Malcus, fils de Malcus. Ainſi la conjecture de Baxter ſe tourne en certitude. Halley avoit penſé que le Dieu Iaribolus mentionné dans une des Inſcriptions Grecques de Palmyre, étoit le Dieu Lunus, croyant reconnoître dans ce nom, le mot dont pluſieurs peuples Orientaux ſe ſervent pour déſigner la Lune. Smith avoue que l'étymologie eſt ingénieuſe, & néanmoins lui en ſubſtitue deux autres dont il n'eſt pas ſatisfait. Tout l'avantage eſt ici du côté de M. Halley, & le nom d'Iaribolus, dans le Palmyrénien, ſe rapporte clairement au Dieu Lunus. J'aurois pu citer des mépriſes bien plus conſidérables que l'on a faites en expliquant les Inſcriptions Grecques de Palmyre; mais dans la néceſſité où je me ſuis trouvé de relever des erreurs, j'ai préféré celles qui me donnoient occaſion de juſtifier des conjectures heureuſes. Ceux qui nous ont précédés, ont des droits légitimes ſur les découvertes qu'ils ont preſſenties, & que des ſecours plus abondans, n'ont fait que confirmer enſuite. Il me ſemble qu'on trouve une ſe-

Ibid. p. 171.

Monum. Palmyr. pag. 53.

creтre ſatisfaction à leur rendre cette juſtice, & qu'il faudroit avoir le bon eſprit de s'en faire un devoir, quand on n'eſt pas aſſez heureuſement né pour s'en faire un plaiſir. Je reviens aux Inſcriptions Palmyrénienes. La forme des Lettres, la maniere dont les époques ſont marquées & la nature de l'Ere qu'on ſuivoit à Palmyre, ſont autant de points de critique que je me propoſe d'éclaircir; mais ces diſcuſſions appartenant de droit à la ſavante Compagnie qui m'a fait l'honneur de m'aſſocier à ſes travaux, je paſſe à l'examen de quelques Inſcriptions Palmyrénienes qui ne ſont pas dans le Recueil des Voyageurs Anglois.

J'ai donné au commencement de ce mémoire une traduction libre de celle que Gruter a publiée le premier, & que perſonne juſqu'ici n'avoit expliquée. L'écriture en eſt la même que celle des autres Inſcriptions, ſi l'on en excepte quelques Lettres qui préſentent des différences. Les Savans familiariſés avec les Langues Orientales ſeront moins ſurpris de cette ſingularité, qu'ils le ſeroient, ſi j'entreprenois de la juſtifier par des exemples. Mais comme elle pourroit, au premier aſpect, arrêter ceux qui voudront appliquer l'Alphabet des Lettres Palmyrénienes à l'Inſcription dont il s'agit, j'ai tâché de leur applanir les voies. En confrontant les diverſes copies que nous avons de ce monument, il en a réſulté une copie plus exacte que les autres, & qui m'a paru laiſſer très-peu de choſe à déſirer.

J'aurois

J'aurois hésité à la produire, si le suffrage de M. de Guignes, de l'Académie des Belles-Lettres, & de M. Bernard, Interpréte à la Bibliotheque du Roi, à qui je l'ai communiquée, ne m'avoit rassuré. On trouvera dans la troisieme Planche N°. 1. la forme & la valeur des lettres que cette Inscription contient, & sous le N°. 2. la même Inscription en caracteres Hébreux. Les petites lignes tracées au-dessus de quelques lettres & de quelques mots, désignent les mots & les lettres qui m'ont laissé des doutes. Les mots mis en parenthese présentent des leçons également probables. Les Savans de Rome qui sont à portée de consulter l'original, verront si je m'en suis beaucoup écarté.

Pl. III. n°. 1.
Ibid. N°. 2.

J'ai fait le même travail sur une autre Inscription Palmyréniene que Spon a publiée d'après un marbre qui de son temps existoit à Rome. Hadrien Reland en a donné une seconde copie, & le hazard m'en a procuré une troisieme plus fidele que les deux précédentes. En les combinant ensemble, j'en ai formé une quatrieme que j'ai fait graver en caracteres Hébreux sous le N°. 3. de la troisieme Planche. Il suit de cette Inscription comparée avec une Inscription Latine qui lui correspond sur le marbre, que les Palmyréniens donnoient au Soleil le nom de Malacbelus. Spon avoit pensé qu'ils nommoient ainsi le Dieu Lunus. Cette remarque m'est échappée. Je ne me suis pas proposé d'éclaircir les Inscriptions Palmyrénienes. Il s'agit pour

Miscell. erud. Ant. p. 3.
Rel. Palæst. p. 526.
Pl. III. n°. 3.
Miscell. erud. Ant. p. 2.

le préſent de s'aſſurer de la vraie façon de les lire ; & peut-être penſera-t-on qu'après la découverte de l'Alphabet, on ne devroit avoir à cet égard aucune difficulté. Ce préjugé ſeroit ſi naturel, que je dois m'arrêter un moment à le combattre. Il n'en eſt pas des Langues Orientales comme de celles de l'Occident. Ici la leçon d'un mot eſt preſque toujours déterminée par la nature des élémens qui le compoſent. Là il faut à tout moment recourir aux mots qui précédent ou qui ſuivent. Par l'abſence des points voyelles ſur les monumens, on eſt autoriſé à donner à chaque mot des ſignifications différentes, & faute de marques propres à ſéparer les mots entr'eux, on peut leur diſtribuer à chacun en particulier plus ou moins de lettres ; delà une foule de combinaiſons preſque toujours infructueuſes. Mais ſi pluſieurs lettres ſe reſſemblent entr'elles ; ſi les monumens ont été dégradés, ou enfin ſi, au lieu des originaux, on n'a que des copies dont la ſcrupuleuſe exactitude n'eſt pas démontrée, c'eſt alors que les difficultés ſe multiplient à l'excès ; on eſt en droit à tout moment de ſubſtituer une lettre à une autre ; & comme le changement d'une ſeule lettre produit une nouvelle expreſſion, l'on roule dans un cercle de conjectures, & l'on a la plus funeſte liberté qui ait jamais été accordée aux hommes, celle d'avoir des doutes, ſans pouvoir les fixer. Il n'y a point de patience qui pût tenir contre une pareille épreuve;

si l'on n'étoit encouragé par des traits de lumiere qui sortent de temps en temps de ces opérations ténébreuses. Je ne crains pas d'avancer qu'en fait de Langues Orientales, il est plus aisé de découvrir un Alphabet que de l'appliquer avec succès à un petit nombre de monumens qu'on n'est pas à portée de voir par soi-même.

Il seroit à souhaiter qu'on pût examiner de près les Inscriptions gravées sur les rochers du mont Sinaï, & rapportées dans le recueil des Voyages de Pococke. Plusieurs semblent être en caracteres Palmyréniens. Mais peut-on, sur des copies aussi défectueuses que les siennes, hazarder toute autre chose que des soupçons ?

Poc. a descrip. of the east tom. 1. p. 148.

Je serai plus hardi à l'égard des deux Inscriptions suivantes. A deux ou trois lieues des fameuses ruines de Persepolis, est un lieu nommé Naxi-Rustan, où parmi beaucoup d'autres ruines on voit deux figures de Cavaliers taillées dans le roc. Elles ont donné lieu à différentes traditions reçûes dans le pays ; la plus générale, c'est-à-dire, celle qui tient le plus du merveilleux, porte que l'une de ces figures représente Alexandre, & l'autre un ancien Héros Persan qui, dit-on, avoit 40 coudées de haut, & a vécu 113 années. Sur le poitrail de chaque cheval, d'autres disent sur la robe de chaque Cavalier, est tracée une Inscription Grecque avec une Inscription en caracteres inconnus. L'Artiste ancien qui les a gravées, peu fa-

Philos. Transf. n°. 201. p. 776.

Voyages de Corn. le Bruyn tom. IV. pag. 361.

miliarisé avec la Langue Grecque ; a fait plusieurs fautes dans un petit nombre de lignes ; & c'est en usant de la liberté que ces méprises lui donnoient, que M. Hyde a pensé que les deux Inscriptions étoient en l'honneur d'Alexandre. Il faudroit donc supposer qu'elles sont bien postérieures au regne de ce Prince. Car il n'est pas vraisemblable que de son tems les Artistes Grecs fussent assez ignorans pour ne savoir pas écrire des mots de leur Langue, ni qu'on lui eût donné les titres de Dieu & de Roi des Rois, qu'il n'a jamais pris sur ses monumens. S'il falloit déterminer l'âge de ceux que j'examine, je ferois les remarques suivantes.

Hyd. Relig. vet. Pers. p. 519.

La Langue Grecque introduite par les conquêtes d'Alexandre dans les provinces de la Haute Asie, suivit le sort de l'Empire des Grecs. Elle dégénéra insensiblement ; & par des pertes successives, elle en vint au point d'être presque méconnoissable. L'histoire de ses révolutions est tracée sur les Médailles des Rois Parthes. Les unes offrent des Légendes Grecques dont les caracteres sont nets, réguliers & bien espacés ; sur les autres, les mots sont altérés & tronqués, les lettres changent de forme ou de valeur. Il en est enfin qui ne présentent plus qu'un assemblage bizarre de lettres Grecques qui se refusent à toutes sortes de combinaisons. Ces différences sont frappantes ; & c'est en ne les perdant pas de vûe, qu'on parviendra sans doute à donner à ces Médailles destituées d'époques, le meilleur arrangement possible. Suivant ce principe, les Inscriptions Grecques de Naxi-Rustan doivent se rapporter au temps des premiers Empereurs Romains, & peut-être même à des siecles moins éloignés encore. Il est bien plus difficile d'en fixer l'objet. Oserois-je pourtant dans un Mémoire où je me suis interdit toutes conjectures, en hazarder quelques-unes? 1°. On remarque dans les Inscriptions les mêmes fautes de Copistes qu'on voit sur les Médailles des Rois Parthes. 2°. On trouve sur les unes & sur les autres les titres de *Dieu* & de *Roi des Rois*, donnés à des Souverains. 3°. Sur une de ces Inscriptions, il ne reste du nom de Prince que ces lettres ΑΡΣΑ... dont Thomas Hyde a fait ΑΛΕΞΑΝΔΡΟΥ; mais ne seroit-ce pas le commencement du mot ΑΡΣΑΚΟΥ, & par cette raison, ainsi que par les deux précédentes, ne pourroit-on pas attribuer les Inscriptions à des Rois Parthes? M'opposera-t-on que, suivant Strabon, du temps de ces Princes, la Perse avoit des Rois particuliers? je répondrai que Strabon lui-même avoue que ces Rois Perses dépendoient des Parthes; & qui sait s'ils étoient autre chose que des Satrapes ou des Gouverneurs de province à qui l'on avoit laissé le titre de Roi, moins brillant parmi les Orientaux que parmi les Occidentaux? Si cette réponse ne satisfait pas, j'irai plus loin, & j'ajouterai que les Inscriptions ont été faites pour des Rois de la Dynastie des Sassa-

Strab. l. 15. p. 728 & 736.

nides. On ſait que ces Princes avoient adopté ces titres faſtueux qui rendoient les Rois Parthes reſpectables à leurs Sujets, & que pluſieurs d'entr'eux ont porté le nom d'Artaxerxès que l'ouvrier peut avoir mal figuré dans cette occaſion. J'attaque des idées aſſez généralement reçûes. On eſt dans l'habitude de rapporter à un même temps les monumens de Perſepolis & de Naxi-Ruſtan. Mais outre que des perſonnes de goût croyent reconnoître dans le travail les caracteres de différens ſiecles, Corneille le Bruyn qui les avoit examinés avec attention, avoue qu'il s'y trouve des figures habillées à la Romaine, ou coëffées comme les Rois Parthes; & Chardin prétend que les Inſcriptions Grecques ſont du bas Empire.

Corn. Le Bruyn tom. IV p. 340 & 363.

Chard. Voyag. t. IX. pag. 111.

J'ai dit que ces Inſcriptions étoient jointes à d'autres Inſcriptions en caracteres inconnus. Hyde qui les a comparés avec ceux des autres Langues Orientales, a trouvé qu'ils n'avoient un rapport ſenſible qu'avec les Palmyréniens; & ſon opinion eſt confirmée par un texte précis de S. Epiphanes: *Pluſieurs Perſes*, dit-il, *employent les Lettres & la Langue dont on ſe ſert à Palmyre*. Cette eſpece de préférence que les Perſes donnoient ſouvent au Syriaque, les avoient engagés à interdire aux Grecs ſoumis à leur Empire l'uſage de toute autre Langue. Mais il paroît que cette défenſe n'a jamais été généralement obſervée, ou que du moins elle eſt poſtérieure au temps que j'ai aſſigné aux In-

Adv. Hær. l. 2. t. 2. p. 629.

Moſes Chorenenſ. l. 3. p. 300.

ſcriptions de Naxi-Ruſtan. S'il étoit poſſible d'avoir une copie exacte des Inſcriptions inconnues qu'on y voit, toutes nos difficultés ſeroient éclaircies ; celles qu'on nous a tranſmiſes, quoique très-défectueuſes, préſentent aſſez de lettres Palmyrénienes pour juſtifier les détails où je me ſuis engagé.

On ne ſauroit prévoir les avantages que l'Alphabet Palmyrénien procurera dans la ſuite. Comme une chaîne inſenſible unit tous les objets de la Littérature, ne pourroit-il pas conduire un jour à quelque découverte plus eſſentielle ? Mais, quand même il ſeroit à jamais borné à l'éclairciſſement de quelque Inſcription ou de quelque Médaille, auroit-il fallu le négliger ? Au milieu de ces ténébres répandues ſur l'ancienne Littérature Orientale, n'avons-nous pas un rayon de lumiere de plus & un myſtere de moins ? C'eſt ſe tromper également que de mettre un trop grand prix, ou de n'en pas mettre aſſez à des découvertes iſolées en apparence. Ce grand tout hiſtorique, objet de nos travaux, ne ſera jamais que le réſultat d'une infinité de recherches & d'obſervations particulieres. Le temple de la vérité s'éléve avec lenteur. Des hommes infatigables y travaillent ſans ceſſe ; & s'ils ſe croiſent quelquefois par des opérations contraires, c'eſt qu'ils ſont indépendans, & qu'ils n'ont pas tous des lumieres égales. Les uns entraînés par une imagination impétueuſe, conſtruiſent à part des bâtimens irréguliers qui tombent presqu'aussi-tôt en ruines; d'autres avec un petit mérite usurpé & de grandes prétentions, remuent continuellement ces ruines, les transportent en différens endroits, ou les jettent au-devant des travailleurs attentifs à la perfection de l'ouvrage. Parmi ces derniers, les hommes de génie, ont des succès proportionnés à leurs efforts; les autres doivent s'estimer heureux, quand après bien des veilles, ils ont taillé une pierre pour l'édifice.

F I N.

APPROBATION.

J'Ai lû par ordre de Monseigneur le Chancelier, un Manuscrit intitulé *Réflexions sur l'Alphabet & sur la Langue dont on se servoit autrefois à Palmyre*; & je n'y ai rien trouvé qui n'en doive faire souhaiter l'impression. A Paris, ce 18 Juillet 1754.

GIBERT.

Lettres Palmyréniennes	Lettres Hebraïques	Leurs Noms	Leur Valeur
𐡠	א	*Aleph*	A.E.I.O.Y.
𐡡	ב	*Beth*	B
𐡢	ג	*Ghimel*	Γ
𐡣 𐡣	ד	*Daleth*	Δ
𐡤 𐡤	ה	*He*	E
𐡥	ו	*Vau*	OY
𐡦	ז	*Zain*	Z
𐡧	ח	*Heth*	H
𐡨	ט	*Teth*	T
𐡩 𐡩	י	*Jod*	I
𐡪 𐡪	כ	*Caph*	K
𐡫 𐡫	ל	*Lamed*	Λ
𐡬	מ	*Mem*	M
𐡮 𐡮 𐡮 𐡮 𐡭	נ	*Nun*	N
𐡯	ס	*Samech*	Σ
𐡰 𐡰	ע	*Aïn*	A.E.I.O.Y.
𐡱	פ	*Pe*	Π.Φ
𐡲	צ	*Tzade*	T Z
𐡳	ק	*Koph*	K
𐡴 𐡴	ר	*Resch*	P
𐡵	ש	*Sin ou Schin*	Σ
𐡶	ת	*Thau*	Θ

P.L. Charpentier Scrip.

Inscription Grecque.
N.° I.

ϹΕΠΤ..... ΟΥΟΡΩΔΗΝ
ΤΟΝΚΡΑΤΙϹΤΟΝΕΠΙΤΡΟ
ΠΟΝϹΕΒΑϹΤΟΥΔΟΥΚΗ
ΝΑΡΙΟΝΚΑΙΑΡΓΑΠΕΤΗΝ
ΙΟΥΛΙΟϹΑΥΡΗΛΙΟϹ
ϹΕΠΤΙΜΙΟϹΙΑΔΗϹΙΠ
ΠΙΚΟϹϹΕΠΤΙΜΙΟΥΑΛΕ
ΞΑΝΔΡΟΥ &c

Inscription Palmyreniene Correspondante.
On a separé les mots, pour en faciliter la lecture.

N.° II.

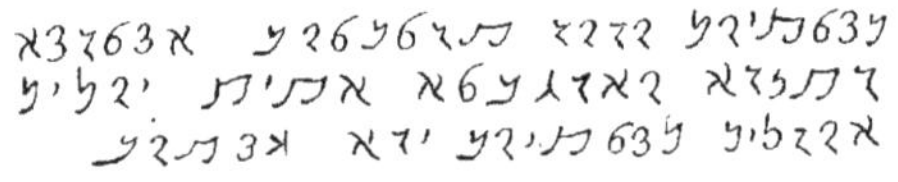

[illegible]
[illegible]
[illegible]

Inscription Grecque.
N.° III.

ϹΕΠΤΙΜΙΟΝΟΥΟΡΩΔΗΝ
ΤΟΝΚΡΑΤΙϹΤΟΝΕΠΙΤΡΟ
ΠΟΝϹΕΒΑϹΤΟΥΔΟΥΚΗ
ΝΑΡΙΟΝΚΑΙΑΡΓΑΠΕΤΗΝ
ΙΟΥΛΙΟϹΑΥΡΗΛΙΟϹϹΑΛΜΗϹ
ΚΑϹϹΙΑΝΟΥΤΟΥ ... ΕΝΑΙΟΥ
ΙΠΠΕΥϹΡΩΜΑΙΩΝΤΟΝΦΙΛΟΝ &c

Inscription Palmyreniene Correspondante.
N.° IV.

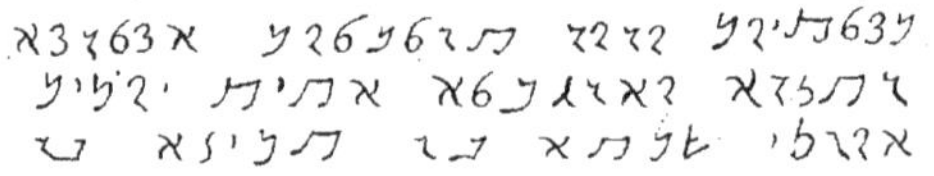

[illegible]
[illegible]
[illegible]

P. L. Charpentier Scrip.

Lettres Palmyréniènes tirées de l'Inscription publiée par Gruter.

N.° I.

	Aleph		Lamed
	Beth		Mem
	Ghimel		Nun
	Daleth		Samech
	He		Ain
	Vau		Pe
…	Zain		Tzade
	Heth	…	Koph
	Teth		Resch
	Jod		Sin
	Caph		Thau

Inscription Palmyreniene conservée à Rome et publiée par Gruter.

N.° II.

לעגלבול ומלכבל ובמיתא (וסמיתא) די כספא ותצביתהן עבד מן כיסה ירחי בר····· בר

ירחיבזל שמששערו על חיוהי וחיא בנוהי בירח שבט שנת (541)

Autre Inscription Pàlmyreniene conservée à Rome

N.° III.

עלתאזה (דה) למלכבל ולאלהי הדסר

קרב טברים כלורים כלבסי

ותדמריא לאלהיהן שלם

P.L. Charpentier Scrip.

www.ingramcontent.com/pod-product-compliance
Ingram Content Group UK Ltd.
Pitfield, Milton Keynes, MK11 3LW, UK
UKHW020948220726
13924UKWH00002B/558